NOTICE

DES LIVRES

DE LA BIBLIOTHÈQUE

DE FEU M. DROUET,

MAITRE EN LA COUR DES COMPTES,

Dont la vente se fera le lundi 20 février 1809 et jours suivans, à onze heures précises du matin, en sa maison, rue Neuve-des-Mathurins, Chaussée d'Antin, n°. 48.

Se distribue à Paris,

Chez MM. { DEBURE père et fils, Libraires de la Bibliothèque Impériale, rue Serpente, n°. 7.
SERREAU, Commissaire-Priseur, quai d'Alençon, Isle Saint-Louis, n°. 11.

1809.

NOTICE

DES LIVRES

De la Bibliothèque de Feu M. DROUET, *Maître en la Cour des Comptes.*

N°. Ier. 38 *vol. in*-8.

ŒUVRES complètes de J.-J. Rousseau. *Paris, Poinçot,* 1788, 38 vol. *in*-8. v. ec. . .

N°. II. 70 *vol. in*-8.

OEuvres de Voltaire. *De l'Imprimerie de la Société littéraire typographique*, 1785, 70 vol. *in*-8. bas. . . . .

N°. III. 18 *vol. in*-8. *et in*-12, *dont:*

Grotius de jure belli ac pacis, cum notis variorum. *Amstelodami*, 1720, *in*-8. v. b. . . .

T. Petronii Arbitri satyricon, cum notis variorum. *Amstelodami*, 1669, *in*-8. v. b. . . .

Histoire de l'anarchie de Pologne, par Cl. Rulhière. *Paris*, 1807, 4 vol. *in*-8. v. rac. . . . .

Histoire abrégée des empereurs romains et

grecs ; par les Médailles ; par Beauvais. *Paris*, 1767, 3 vol. *in*-12, bas.

Joannis Baptistæ Santolii Opera. *Parisiis*, 1729, 4 vol. *in*-12, v. b.

N°. IV. 17 *vol in*-8. *et in*-12, *dont :*

Nouveau Code des prises. *Paris*, an 7, 4 vol. *in*-8. demi-rel.

Nouveau Traité des donations. *Paris*, 1804, 2 vol. *in*-8. demi-reliure.

OEuvres d'Antoine Hamilton. *Paris*, 1805, 3 vol. *in*-8. bas.

Simple histoire, trad. d'Inchbald. *Paris*, 1791, *in*-8. bas.

Histoire de Malte, par Vertot. *Paris*, 1772, 7 vol. *in*-12, v. m.

N°. V. 17 *vol. in*-12, *dont :*

Ordonnances civile et du commerce, par Jousse. *Paris*, 1767, 3 vol. *in*-12, bas.

Code civil et Conférences du même Code. *Paris*, an 9, 9 vol. *in*-12, demi-reliure.

Code civil des Français. Motifs. *Paris*, 1804, 8 tom. rel. en 5 vol. *in*-12, demi-rel.

N°. VI. 15 *vol. in*-8. *et in*-12, *dont :*

Code Napoléon. *Paris*, *Imprimerie impér.* 1807, *in*-8. demi-rel.

Code diplomatique. *Paris*, 1802, 2 vol. *in*-8. demi-rel.

Traité sur la police de Londres. *Paris*, 1807, 2 vol. *in*-8. v. r.

Commentaire sur l'Ordonnance de la marine. *Paris*, 1803, 3 vol. *in*-12, demi-rel. . . . . . .

N°. VII. 30 *vol. in-fol. dont :*

Dictionnaire de Trévoux. *Paris*, 1771, 8 vol. v. m. . . . .

Dictionnaire géographique de la Martinière. *Paris*, 1768. 6 vol. v. m. . . . .

Dictionnaire historique de Moreri. *Paris*, 1759, 10 vol. v. m. . . . .

Demosthenis opera, gr. et lat. *Aureliæ Allobrogum*, 1607, v. m. . . . .

Dictionnaire de Bayle. *Amst.* 1740, 4 vol. v. m. . . . .

N°. VIII. 45 *vol. in*-4.

Encyclopédie ou Dictionnaire des Sciences et des Arts. *Genève*, 1778, 45 vol. br. en cart. fig. . . . .

N°. IX. 29 *vol. in*-4. *dont :*

Histoire des Voyages, par l'abbé Prévost. *Paris*, 1746, 20 vol. *in*-4. fig. v. m. . . . .

Pausanias, trad. par Gedoyn. *Paris*, 1731, 2 vol. *in*-4. fig. v. b. . . . .

Voyage à l'Equateur, par la Condamine. *Paris*, 1751, 2 tom. en 1 vol. *in*-4. fig. v. m. . . .

Novitius, seu Dictionarium lat. gall. Auct. . .

Magniez. *Lut. Parisior.*, 1721, 2 vol. *in*-4. v. m.

N°. X. 43 *vol. in*-8. *dont :*

Voyage en Egypte, par Volney. *Paris*, 1787, 2 vol. *in*-8. fig. v. éc.

Lettres sur l'Egypte, par Savary. *Paris*, 1786, 3 vol. *in*-8. fig. bas.

Voyage littéraire de la Grèce, par Guys. *Paris*, 1776, 2 vol. *in*-8. fig. v. éc.

Voyage d'Anacharsis, par l'abbé Barthelemy. *Paris*, l'an 7, 7 vol. *in*-8. et atlas, *in*-4. v. m.

Cours de littérature, par la Harpe. *Paris*, an 7, 16 vol. *in*-8. v. éc.

OEuvres de la Harpe. *Paris*, 1778, 6 vol. *in*-8. v. éc.

La Lusiade du Camoens, trad. par la Harpe. *Paris*, 1776, 2 tom. en 1 vol. *in*-8. fig. v. éc.

N°. XI. 47 *vol. in*-8. *dont :*

Voyage aux sources du Nil, par Bruce. *Paris*, 1790, 10 vol. *in*-8. et 1 vol. d'atlas, veau éc.

OEuvres de Fontenelle. *Paris*, 1790, 8 vol. *in*-8. bas.

Voyage de Pallas dans plusieurs provinces de l'empire de Russie. *Paris*, l'an 2, 8 vol. *in*-8. et atlas, bas.

OEuvres de Montesquieu. *Paris*, 1788, 5 vol. *in*-8. bas.

Dictionnaire militaire, par Gaigne. *Paris*, 1801, *in*-8. demi-rel.

OEuvres complètes de Mably. *Paris*, 1795, 15 vol. *in*-8. v. rac.

N°. XII. 47 *vol. in*-8. *dont*:

Théâtre des Grecs, par le P. Brumoy. *Paris*, 1785, 13 vol. *in*-8. v. rac.

Histoires diverses d'Elien, trad. (par M. Dacier). *Paris*, 1772, *in*-8. v. rac.

Traduction en vers des Métamorphoses d'Ovide, par F. de Saint-Ange. *Paris*, 1800, 2 vol. *in*-8. fig. bas.

L'Ane d'or d'Apulée, trad. en franç. *Paris*, 1787, 2 vol. *in*-8. v. rac.

OEuvres complètes de Claudien, trad. avec des notes. *Paris*, an 6, 2 vol. *in*-8. v. éc.

Idylles de Théocrite, trad. par Jul. L. Geoffroy. *Paris*, an 8, *in*-8. bas.

Les Odes pythiques de Pindare, trad. par Chabanon. *Paris*, 1772, *in* 8. bas.

OEuvres de Lucien, trad. en franc. *Paris*, 1789, 6 vol. *in*-8. v. m.

OEuvres de Démosthènes et d'Eschine, trad. par Auger. *Paris*, l'an 2, 6 vol. *in*-8. v. éc.

OEuvres d'Isocrate, trad. par Auger. *Paris*, 1781, 3 vol. *in*-8. bas.

L'Enfer, poëme du Dante (trad. par Moutonnet de Clairfonds). *Paris*, 1783, *in*-8. v. éc.

Elégies de Tibulle, trad. par Mirabeau. *Paris*, 1798, 3 vol. *in*-8. v. rac.

Elégies de Properce, trad. par Longchamps. *Paris*, 1772, *in*-8. v. rac.

Satires de Juvénal, trad. par J. Dusaulx. *Paris*, 1803, 2 vol. *in*-8. v. porph.

Traduction des Poésies de Catulle, par Fr. Noël. *Paris*, 1803, 2 vol. *in*-8. v. éc.

Fables de Mancini Nivernois. *Paris*, 1796, 2 tom. en 1 vol. *in*-8. bas.

N°. XIII. 49 *vol. in*-8. *dont:*

Histoire d'Hérodote, trad. (par M. Larcher). *Paris*, 1802, 9 vol. *in*-8. v. rac.

L'Esprit de l'Histoire, par Ant. Ferrand. *Paris*, 1805, 4 vol. *in*-8. v. rac.

Histoire de Thucydide, trad. par Lévesque. *Paris*, 1795, 4 vol. *in*-8. v. rac.

Discours sur l'Histoire universelle, par Bossuet. *Paris*, 1802, *in*-8. v. rac.

Histoire des progrès et de la chute de la République romaine, par Adam Fergusson. *Paris*, 1791, 7 vol. *in*-8. bas.

Histoire de la Décadence de l'Empire Romain, trad. de Gibbon. *Paris*, 1795, 18 vol. *in* 8. bas.

Les Douze Césars de Suétone, trad. par la Harpe. *Paris*, 1805, 2 vol. *in*-8. v. éc.

La Cyropédie de Xénophon, trad. par Charpentier. *Paris*, 1775, 2 vol. *in*-12. bas.

L'Expédition de Cyrus, trad. de Xénophon, par M. Larcher. *Paris*, 1778, 2 vol. *in*-12, bas.

N°. XIV. 65 *vol. in*-4. *in*-8. *et in*-12, *dont:*

Histoire Ancienne, par Rollin. *Paris*, 1758, 14 vol. *in*-12, v. m.

— Romaine, par le même. *Paris*, 1758, 16 vol. *in*-12, v. f.

— des Empereurs romains, par Crevier. *Paris*, 1763, 12 vol. *in*-12. v. m.

Ephémérides politiques, etc. par Noël. *Paris*, 6 vol. *in*-8. demi-rel.

Antiquités gauloises, par Fauchet. *Genève*, 1611, *in*-4. demi-rel.

OEuvres de Maître Alain Chartier. *Paris*, 1617, *in*-4. v. b.

Le Procès de Louis XVI. *Paris*, 1795, 9 tom. en 4 vol. *in*-8. demi-rel.

Mémoires secrets, par Duclos. *Paris*, 1791, 2 vol. *in*-8. v. m.

Histoire philosophique, par Raynal. *Genève*, 1780, 10 vol. *in*-8. et atlas *in*-4. v. m.

Théâtre des Petits Appartemens. 1748, 4 vol. *in*-8. v. f.

N°. XV. 76 *vol. in*-12, *dont:*

Le Compère Mathieu. *Londres*, 1777, 3 vol. *in*-12, bas.

Baisers et Elégies de Jean Second, par P. F. Tissot. *Paris*, 1806, *in*-12, v. rac.

Voyage en Italie, par de la Lande. *Paris*, 1786, 9 vol. *in*-12, et atlas, bas.

Histoire litt. des Troubadours (par Millot). *Paris*, 1774, 3 vol. *in*-12, v. m.

— de Charles-Quint, trad. de G. Robertson. *Paris*, 1771, 6 vol. *in*-12, v. m.

— d'Ecosse, par le même. *Londres*, 1764, 3 vol. *in*-12, v. m.

— de l'Amérique, par le même. *Paris*, 1780, 4 vol. *in*-12, v. m.

— des Arabes, par l'abbé de Marigny. *Paris*, 1750, 4 vol. *in*-12, v. m.

Mémoires sur l'ancienne Chevalerie, par Sainte-Palaye. *Paris*, 1781, 3 vol. *in*-12, bas.

Histoire ecclésiastique, par Fleury. *Paris*, 1724, 36 vol. *in*-12, v. b.

N°. XVI. 29 *vol. in*-8. *dont:*

OEuvres de P. Corneille. *Paris*, 1797, 12 vol. *in*-8. fig. v. m.

Dictionnaire d'histoire naturelle, par Valmont de Bomare. *Lyon*, 1800, 15 vol. *in*-8. bas.

N°. XVII. 34 *vol. in*-8. *dont:*

Essai sur les Règnes de Claude et de Néron, (par Diderot). *Londres*, 1782, *in*-8. v. éc.

Boulanger. M. Labey, si c'est l'édition de Bastien, bon marché.

OEuvres philosophiques de Diderot. *Amst.* 1772, 6 vol. *in*-8. v. éc.

— d'Helvétius. *Paris*, l'an 2, 5 vol. *in*-8. bas.

— de Boulanger. *Paris*, 1792, 8 vol. *in*-8. v. rac.

— de Freret. *Paris*, 1792, 4 vol. *in*-8. bas.

— philosophiques et politiques de T. Hobbes. *Neufchâtel*, 1787, 2 vol. *in*-8. bas.

— de Machiavel. *Paris*, 1793, 8 vol. *in*-8. bas.

N°. XVIII. 31 *vol. in*-8. *dont :*

La Philosophie de la Nature, (par Delille de Sales). *Londres*, 1777, 6 vol. *in*-8. v. éc.

Histoire du Ciel (par Pluche). *Paris*, 1778, 2 vol. *in*-12, fig. v. m.

OEuvres de Condillac. *Paris*, 1798, 23 vol. *in*-8. v. éc.

N°. XIX. 32 *vol. in*-8. *dont*:

OEuvres de Gessner. *Paris*, 2 vol. *in*-8. fig. v. rac.

— de d'Arnaud. *Paris*, 12 vol. *in*-8. fig. v. m.

Contes de Boccace. *Londres*, 1779, 10 vol. *in*-8. fig. v. rac.

Fables de la Fontaine. *Bouillon*, 1776, 4 vol. *in*-8. fig. v. m.

Contes, du même. 1778, 2 vol. *in*-8. fig. v. m.

OEuvres de Chamfort. *Paris*, 1808, 2 *vol. in*-8. v. rac.

N°. XX. 83 *vol. in*-8. *et in*-12, *dont:*

Histoire du Bas-Empire, par MM. le Beau et H. P. Ameilhon. *Paris*, 1757, 26 volum. *in*-12, v. m.

— des Révolutions romaines, de Portugal et de Suède, par Vertot. *Paris*, 1786, 7 vol. *in*-12, bas.

La vie de Mahomet, par Turpin. *Paris*, 1773, 3 vol. *in*-12, v. m. = Histoire de l'Alcoran, par le même. *Paris*, 1775, 2 vol. *in*-12, v. m.

Cours de mathématiques, par Bezout. *Paris*, 1798, 6 vol. *in*-8. bas.

Des usages de la sphère et des globes. par Delamarche. *Paris*, an 7, *in*-8. bas.

Abrégé d'astronomie, par la Lande. *Paris*, 1795, *in*-8. v. rac.

Lettres sur les Sciences et sur l'Atlantide, par Bailly. *Paris*, 1777, 2 vol. *in*-8. bas.

La Morale universelle. *Paris*, l'an 4, 3 vol. *in*-8. bas.

La Navigation, poëme, par J. Esmenard. *Paris*, 1805, *in* 8. bas.

OEuvres de Senèque, trad. par Lagrange. *Paris*, an 3, 6 vol. *in*-8. bas.

Système de la Nature. *Londres*, 1780, 2 vol. *in*-8. bas.

Les Incas, par Marmontel. *Paris*, 1777, 2 vol. *in*-8. bas.

Politique de tous les cabinets de l'Europe, par L. P. Ségur. *Paris*, 1802, 3 vol. *in*-8. bas.

L'An deux mille quatre cent quarante (par Mercier). 1786, 3 vol. *in*-8. bas.

Essais sur la musique, par Gretry. *Paris*, an 5, 3 vol. *in*-8. bas.

Ossian, fils de Fingal, poésies galliques. *Paris*, an 7, 2 vol. *in*-8. fig. bas.

La Pharsale de Lucain, trad. par Marmontel. *Paris*, 1766, 2 vol. *in*-8. fig. v. m.

N. XXI. 90 *vol. in*-8. *et in*-12, *dont :*

Mémoires du cardinal de Retz. *Genève*, 1777, 4 vol. *in*-12. bas.

Journal d'Henri III et d'Henri IV. *Paris*, 1744, 9 vol. *in*-8. v. éc.

Mémoires de l'Estoile. *Cologne*, 1719, 2 vol. *in*-8. v. m.

L'Esprit de la Ligue, par Anquetil. *Paris*, 1770, 3 vol. *in*-12, v. m.

Mémoires de Sully. *Londres*, 1778, 8 vol. *in*-12, bas.

OEuvres de Brantome. *Londres*, 1779, 15 vol. *in*-12, v. m.

Histoire des Juifs, trad. de Joseph par Arnauld d'Andilly. *Paris*, 1680, 5 vol. *in*-12, v. b.

— de France, par Velly. *Paris*, 1763, 30 vol. *in*-12, v. m.

Abrégé chronologique de l'Histoire de France, par le président Hénault. *Rouen*, 1789, 5 vol. *in*-8. v. éc.

Satire Menippée. *Ratisbonne*, 1726, 3 vol. *in*-8. v. m.

N°. XXII. 14 *vol. in-folio, dont* :

Recueil d'édits et ordonnances, par Néron. *Paris*, 1720, 2 vol. v. b.

Histoire de la Jurisprudence romaine, par Terrasson. *Paris*, 1750, 1 vol. v. b.

Les lois civiles, par Domat. *Paris*, 1777, 1 vol. bas.

Les OEuvres d'Etienne Pasquier. *Amsterd.* 1723, 2 vol. v. b.

Histoire de Saint-Louis, par Joinville. *Paris*, 1761, 1 vol. dem. rel.

Les Mémoires de Comines. *Paris*, 1649, 1 vol. v. f.

Chroniques d'Enguerran de Monstrelet. *Paris*, 1603, 1 vol. v. b.

Hist. Augustæ scriptores VI, ex recens. Cl. Salmasii. *Parisiis*, 1620, 1 vol. v. b.

Plutarchus, gr. et lat. ex recens. Rualdi. *Parisiis*, 1624, 2 vol. v. f.

Les œuvres de Plutarque, trad. en français par Amyot. *Paris*, 1567, 2 vol. v. jasp.

N°. XXIII. 56 vol. *in*-4. *dont* :

Histoire universelle, par une société de gens

de lettres. *Amsterd.* 1742, 46 vol. v. m.

Histoire d'Angleterre, trad. de l'anglais de Hume. *Amst.* 1765, 7 vol. v. m. et v. ec.

Généalogie hist. des rois, empereurs, etc. *Paris*, 1736, 4 vol. v. b.

N°. XXIV. 23 *vol. in-*4. *dont :*

Corpus juris civilis. *Coloniœ Munatianœ*, 1789, 1 vol. v. m.

Commentaire sur la loi des douze tables par Bouchaud. *Paris*, 1803, 2 vol. cart.

La Science des notaires, par de Visme. *Paris*, 1771, 2 vol. v. m.

Dictionnaire de Droit et de Pratique, par Ferrière. *Toulouse*, 1787, 2 vol. bas.

Collection de décisions de Jurisprudence, par Denisart. *Paris*, 1777, 4 vol. bas.

La Procédure civile du Châtelet de Paris. *Paris*, 1787, 2 vol. bas.

Le Droit des Gens, par de Vattel. *Amsterd.* 1775, 1 vol. bas.

Le Droit de la Nature et des Gens, par Barbeyrac. *Basle*, 1771, 2 vol. bas.

N°. XXV. 25 *vol. in-*4. *dont:*

OEuvres de Necker. *Londres*, 1785, 3 tom. en 2 vol. demi-rel.

Essais de Montaigne. *Paris, Bastien*, 1783, 3 vol. v. éc.

Biblia sacra. *Parisiis*, *Vitré*, 1666, 1 vol. m. n. l. r.

C. Suetonius Tranquillus, cum notis variorum. *Traj. ad Rhen.* 1708, 1 vol. v. f.

L. An. Senecæ tragœdiæ, ex recens. Schroderi. *Delphis*, 1728, 1 vol. v. b.

Quintilien, de l'institution de l'orateur, trad. par Gedoyn. *Paris*, 1718, 1 vol. v. b.

Les Césars de l'empereur Julien, trad. du grec par Spanheim. *Amst.* 1728, 1 vol. fig. veau f.

Théorie et pratique du commerce et de la marine, par de Ustariz. *Paris*, 1753, 1 vol. v. m.

N°. XXVI. 38 *vol. in-8. et in-12, dont :*

OEuvres de Houdar de la Motte. *Paris*, 1754, 11 vol *in-12* v. f. Gr. Pap.

Recherches sur la richesse des nations, de Smith. *Paris*, 1800, 4 vol. *in-8.* bas.

OEuvres de Moncrif. *Paris*, 1791, 2 vol. *in-8.* veau r.

Histoire du Galvanisme, par Suë. 1802, 2 vol. *in-8.* bas.

Manuel du Galvanisme, par Izarn. *Paris*, 1804, 1 vol. bas.

Géographie universelle, par Guthrie. *Paris*, 1802, 9 vol. *in-8.* et atlas, v.

La Vie des Saints pour tous les jours de l'année. *Paris*, 1714, 4 vol. *in-8.* v. b.

La Motte. m. Dela Bed.

N°. XXVII, 42 *vol. in-12*; *dont :*

Oraisons funèbres de Fléchier, Bossuet et Mascaron. *Paris*, 1785, 3 vol. bas. . . .

OEuvres de Nicole. *Paris*, 1733, 22 vol. v. b. . .

Lucrèce, en lat. et en franç., trad. par Lagrange. *Paris*, an 7, 2 vol. bas. . . . .

Les Commentaires de César en lat. et en franç. *Paris*, *Barbou*, an 7, 2 vol. bas. . . . . . .

Homeri opera, gr. et lat. *Parisiis*, *Brocas*, 1747, 2 vol. v. m. . . . .

Tacite, en latin et en franç. trad. par de la Bleterie. *Paris*, 1788, 7 vol. bas. . . . . .

N°. XXVIII. 86 *vol. in-12*, *dont :*

L'Art des expériences et leçons de physique, par Nollet. *Paris*, 1770, 9 vol. fig. v. m. . .

Mélanges de littérature, par d'Alembert. *Amst.* 1772, 5 vol. v. m. . . . .

OEuvres de Marmontel, savoir : poétique, 2 vol.; théâtre et mélanges, 3 vol.; mémoires, 4 vol. v. m. . . . .

Les quatre Poétiques, par Batteux. *Paris*, 1771, 2 vol. *in-12*, v. r. = Principes de littérature, du même. *Lyon*, 1802, 6 vol. bas. . . . .

Traité des Etudes, par Rollin. *Paris*, 1787, 4 vol. bas. . . . .

Théâtre de Dancourt. *Paris*, 1742, 8 vol. v. marb. . . . .

Théâtre de Quinault. *Paris*, 1778, 5 vol. v. m.

— de Marivaux. *Paris*, 1758, 7 vol. v. m.

OEuvres de Piron. *Troyes*, an 8, 9 vol. bas.

— complètes de M. de Saint-Foix. *Paris*, 1778, 6 vol. bas.

Amours de Theagenes et Chariclée. *Paris*, *Coustellier*, 1743, 2 vol. fig. v. m.

Lettres de Guy-Patin. *Rotterdam*, 1725, 5 vol. v. m.

N°. XXIX. 23 *vol. in-fol. et in*-8. *dont*:

Journal des Audiences du Parlement, par Duchemin. *Paris*, 1757, 7 vol. *in-fol.* v. m.

— du Palais, par Blondeau. *Paris*, 1755, 2 vol. *in-fol.* v. m.

Platonis opera, ex translat. Marsilii Ficini. *Lugduni*, 1548, *in-fol.* v. f.

Schrevelii Lexicon, græc. lat. *Parisiis*, 1767, *in*-8. bas.

N°. XXX. 28 *vol. in*-4. *dont*:

OEuvres de Cochin. *Paris*, 1751, 6 vol. v. m.

— complètes de Pothier. *Paris*, 1781, 8 vol. *in*-4. bas.

— de d'Aguesseau. *Paris*, 1759, 13 vol. v. m.

Les Us et Coutumes de la mer. *Rouen*, 1671, 1 vol. v. j.

Virgile. m. Labey. bonmarche!

N°. XXXI. 81 *vol. in-8. dont :*

Répertoire universel de Jurisprudence, par Guyot. *Paris*, 1775, 64 vol. v. m.

Supplément au Répertoire de Jurisprudence, par Guyot. *Paris*, 1786, 17 vol. v. m.

N°. XXXII. 51 *vol. in-8. et in-12, dont :*

Quintilianus. *Francof.* 1629, *in-8.* mout. r.

Sallustius. *Lugd. Bat.* 1649, *in-8.* v. f.

Vanierii prædium rusticum. *Tolosæ*, 1730, *in-12*, fig. v. b.

Métamorphoses d'Ovide, trad. par Banier. *Paris*, 1788, 3 vol. *in-12*, fig. bas.

Œuvres de Pope. *Amst.* 1767, 8 vol. *in-12*, fig. v. éc.

Les Comédies de Térence, trad. par Me Dacier. *Hambourg*, 1732, 3 vol. *in-12*, fig. v. m.

Histoire universelle de Justin, trad. par Paul. *Paris*, *Barbou*, 1788, 2 vol. *in-12*, bas.

OEuvres de Virgile, en lat. et en fr. trad. par Binet. *Paris*, 1804, 4 vol. *in-12*, v. r.

Ciceronianum Lexicon, græco-latinum. *Ex offic. Henr. Stephani*, 1557, *in-8.* v. b.

Terentius. *Parisiis*, *Leloup*, 1753, 2 vol. *in-12*, v. éc.

Ovidius. *Parisiis*, *Barbou*; 1762, 3 vol. *in-12*, v. m.

Virgilius. *Parisiis, Didot,* an 6, *in*-12, v. porph. Pap. Vél.

Persii et Juvenalis Satyræ. *Parisiis, Barbou,* 1776, *in*-12, v. m.

Eutropius. *Parisiis, Renouard,* 1796, *in*-12, v. rac. Pap. Vél.

Cornelius Nepos. *Parisiis, Barbou,* 1784, *in*-12, v. m.

Catullus, Tibullus et Propertius. *Parisiis, Barbou,* 1753, *in*-12, v. m.

Plinii epistolæ et panegyricus. *Parisiis, Barbou,* 1769, *in*-12, v. m.

Velleius Paterculus. *Parisiis, Barbou,* 1777, *in*-12, v. m.

Titus Livius. *Parisiis, Barbou,* 1775, 7 vol. *in*-12, v. m.

Imitatio Christi. *Parisiis, Barbou,* 1773, *in*-12, v. m.

Martialis epigrammata. *Parisiis, Barbou,* 1754, 2 vol. *in*-12, v. m.

Lucanus. *Parisiis, Barbou,* 1767, *in*-12, v. m.

Phædrus. *Parisiis, Barbou,* 1754, *in*-12, v. m.

Plautus. *Parisiis, Barbou,* 1759, 3 vol. *in*-12, v. m.

N°. XXXIII. 92 *vol. in-8. et in-12, dont :*

OEuvres complètes de Buffon, avec la continuation, par M. de Lacépède. *Paris, Imprim. royale,* 1774, 71 vol. *in*-12, fig., v. m.

Aristotelis rhetorica, gr. et lat. *Argentinæ*, 1570, *in*-8. v. m.

La Rhétorique d'Aristote, trad. par Cassandre. *Amst.* 1733, *in*-12, bas.

La Rhétorique de Cicéron, en lat. et en fr. *Lyon*, 1692, *in*-12, bas. = Lettres de Cicéron à Brutus, en lat. et en fr. *Paris*, l'an 3, *in*-12, bas.

Lettres de Cicéron à Atticus, en lat. et en fr. trad. par Mongault. *Paris*, 1787, 4 vol. *in*-12, bas.

Tusculanes de Cicéron, en lat. et en fr. trad. par Bouhier et d'Olivet. *Paris*, *Barbou*, l'an 3, 2 vol. bas.

Entretiens de Ciceron, trad. par d'Olivet. *Paris*, *Barbou*, 1793, 2 vol. bas.

Traduction des Traités de la divination de Cicéron, de la Vieillesse, des vrais biens et les vrais maux, et les offices. 4 vol. bas.

L'Orateur de Cicéron, par Colin. *Paris*, 1805. = Les Lois de Cicéron, trad. par Morabin. *Paris*, 1777. = Académiques, du même. *Paris*, 1796, 3 vol. *in*-12, bas.

Oraisons choisies de Cicéron, en lat. et en fr. *Paris*, *Barbou*, 1801, 4 vol. *in*-12, bas.

N°. XXXIV. 101 *vol. in*-12, *dont* :

OEuvres de Thomas, avec ses œuvres posthumes. *Paris*, 1773, 6 vol. bas.

Bibliothèque des anciens philosophes, par Dacier. *Paris*, 1771, 11 vol. v. m.

De la Recherche de la vérit é, par Mallebranche. *Paris*, 1772, 4 vol. v. m.

Essai sur l'entendement humain, de Locke. *Paris*, *an* 7, 4 vol. bas.

Histoire des Inquisitions. *Cologne*, 1769, 2 vol. fig. bas.

Quinte-Curce, trad. par Beauzée. *Paris*, *Barbou*, 1800, 2 vol. bas.

Le Paradis perdu, de Milton. *Paris*, 1782, 3 vol. v. m.

Tom-Jones, trad. par Delaplace. *Paris*, 1767, 4 vol. v. m.

Histoire de Grandisson, trad. de l'angl. *Amst.*, 1777, 4 vol. bas.

Pamela, trad. de l'angl. de Richardson. *Paris*, 1768, 4 vol. bas.

Clarisse-Harlowe, trad. par Letourneur. *Genève*, 1788, 12 vol. bas.

Les mille et une Nuits. *Paris*, 1786, 6 vol. bas.

Histoire de Don Quichotte, trad. de l'espag. de Cervantes. *Paris*, 1777, 4 vol. bas.

Roland Furieux et Roland l'Amoureux, trad. par Tressan. *Paris*, 1780, 5 vol. v. m. = Traduction d'Amadis, par le même. *Paris*, 1779, 2 vol. demi-rel.

OEuvres de Rabelais. *Amst.* 1725, 5 vol. v. m.

Les Ecrivains de l'Histoire auguste, trad. par de Moulines. *Paris*, 1806, 3 vol. demi-rel.

FIN.

Les Livres seront exposés dans l'ordre qui suit :

Lundi 20 *février* 1809.

5, 6, 4, 24, 22, 29, 30, 31, 20, 16, 18, 14, 13, 1, ... 1501 fr. 40

Mardi 21.

15, 3, 17, 19, 21, 32, 11, 10, 7, 2. . . . . 1545 . . . 0.

Mercredi 22.

28, 12, ~~25,~~ 26, 27, 23, 34. 33, 9, 8. . . . 1541 . 95

4588 f 75 c

www.ingramcontent.com/pod-product-compliance
Ingram Content Group UK Ltd.
Pitfield, Milton Keynes, MK11 3LW, UK
UKHW021130230726
13926UKWH00002B/717